Trennung abhaken

Daniela Schick

Bibliografische Information der Deutschen Nationalbibliothek:
Die Deutsche Nationalbibliothek verzeichnet diese Publikation in der
Deutschen Nationalbibliografie; detaillierte bibliografische Daten sind im
Internet über http://dnb.dnb.de abrufbar.

Herstellung und Verlag BoD – Books on Demand, Norderstedt
ISBN: 9783755752929

Du kannst!

HALLO DU,

manchmal spielt das Leben nicht so wie geplant oder gewünscht - Wege trennen sich, von denen man sich gewünscht hätte, es bleibt für immer. Manchmal ist es nur die Entscheidung eines Einzelnen und manchmal entscheidet man sich als Paar auch bewusst den gemeinsamen Weg abzubrechen. Egal wie, Trennung tut weh. Unabhängig davon wie lang die Beziehung war, Trennung ist immer individuell und jeder empfindet sie anders.

Dieses kleine "Trennungsabhakbüchlein" soll Dir Halt geben, es soll Dir helfen Dich jeden Tag neu zu fokussieren, zu verarbeiten und weiterzumachen.
Schnörkellos und klar habe ich das Buch aufgebaut, denn in dieser turbulenten Zeit ist es wichtig eine Struktur zu haben. Da im Inneren, mit deinen Gefühlen schon genügend Chaos herrscht. Damit Du Dich darauf konzentrieren kannst, dein Inneres klar zu bekommen, gibt Dir dieses Buch kleine Hilfestellungen mit verschiedenen Listen, Anregungen und Abhakmöglichkeiten für ein gutes Gefühl des „Erledigt Habens".

Natürlich ist Trennung nicht so einfach und mit ein paar Haken und Notizen erledigt. Aber ich hoffe, dass Du für Dich die kleinen Hilfestellungen nutzen kannst. Mein Leitspruch war: „Du kannst!" Diesen Spruch wirst Du hier sehr häufig wieder finden und ich hoffe, es hilft Dir genauso wie mir.

Ich wünsche Dir alles Gute!
Danni

ERSTE HILFE NACH DER TRENNUNG

- Rufe eine vertraute Person an und erkläre was passiert ist. Wenn Du Dich niemandem anvertrauen möchtest, kann auch die Telefonseelsorge helfen.

- Weine, sei wütend, sei leise, sei laut, egal wie, lass deine Gefühle zu.

- Keine Übersprungshandlungen, das ist es nicht wert!

- Betteln, Flehen, hinterherlaufen, das alles macht Dich klein, das hast Du nicht nötig!

- Solltest Du betrogen worden sein: verbale oder gar körperliche Angriffe an die dritte Person sind nicht zielführend und führen am Ende nur dazu, dass Du Dich schlecht fühlst und die/der jähzornige, crazy Ex bist. Auch das hast Du gar nicht nötig!

- Räume die Wohnung / das Zimmer auf, verstaue alle Erinnerungen erstmal in einer Box (nicht direkt wegwerfen, Du könntest es später bereuen bzw. es hilft zu einem späteren Zeitpunkt diese Dinge bewusst zu entsorgen).

- Nimm Dir ein paar Tage Zeit, um das Geschehene auf Dich wirken zu lassen, vielleicht nimmst Du frei, vielleicht bleibst Du zu Hause oder fährst auf einen Kurztrip, nimm Abstand vom Geschehenen.

- Auch wenn es jetzt gerade unvorstellbar ist, aber Du bist lebensfähig ohne ihn oder sie! Halte Dir das immer vor Augen!

- Keine Liebesbotschaften über Social Media oder sonstige Kanäle, keine Traurigkeitsposts, nichts dergleichen, das hast Du auch nicht nötig und macht Dich klein, wehleidig, handlungsunfähig – er oder sie hat sich bewusst entschieden zu gehen, lass ihm/ihr die Freiheit, auch wenn es schwerfällt – ein klärendes Gespräch kann je nach persönlicher Situation noch folgen. Wichtig: Frage Dich immer VOR einer Aktion, welchen Mehrwert hat es für meine Situation?

Verteile kleine Zettel in der Wohnung als Erinnerung für deine Notfallstrategie. Als Erinnerung, dass Du wertvoll bist. Als Erinnerung, dass der/die Ex blöd ist - was auch immer Dir hilft.

Notfallstrategie: Wenn es Dich packt und Du anrufen willst, ihm/ihr Nachrichten jeglicher Art über Social Media oder andere Kanäle schreiben möchtest, schreibe sie jemand anderem. Du wirst eventuell nicht mehr viele Gelegenheiten bekommen mit deinem Ex zu sprechen, wähle also weise. Wichtig: Vereinbare die Strategie vorher mit der „Ersatzperson".

Schreibe jetzt deine persönliche Notfallstrategie auf und schreibe Dir 2-3 kleine Klebezettel als Erinnerung.

....

....

....

....

....

....

....

DIE AUSFÜLL- UND ABHAKLISTEN

Auf den folgenden Seiten findest Du ein paar Listen zum Ausfüllen, diese empfehle ich heute zu befüllen. Schaue die Listen in 2 bis 6 Monaten noch einmal an und ergänze Dinge.

Du findest auf den folgenden Seiten jeweils eine Ausfüll-Liste z.B. die „Warum-Liste". Danach findest Du eine Erläuterung zur Verwendung der Liste und dem Sinn dahinter. Pro Liste hast Du dann Raum für deine Notizen.

Die Ausfülllisten sind in drei Teile geteilt.
Teil 1 befasst sich eher mit den Gründen, negativen Aspekten und dem Organisatorischen.
In Teil 2 möchte ich Dich mit auf die Reise zu den positiven Dingen nehmen.
In Teil 3 legst Du Routinen fest, setzt den Fokus neu und reflektierst.

Danach folgen die Abhaklisten, mit denen Du Tag für Tag arbeiten kannst.

Teil 1

DIE WARUM-LISTE

Du hast sicherlich viele Fragen, aber vorallem das Warum quält
Dich. Schreibe hier auf was Du vom Trennungsgespräch noch
weißt, um es später bei Bedarf auch nachlesen zu können.

....

....

....

....

....

....

....

....

....

....

....

....

....

....

....

....

....

DIE HÄTTE-WÜRDE-WENN-UND-ABER LISTE

Sicherlich hast Du viele Gedanken, in der Art „Hätte ich doch nur, dann….“, Wenn…dann, aber….

Es ist wichtig diese Sätze aufzuschreiben, dann sind sie erstmal aus deinem Kopf. Mache Dir damit bewusst, egal wie viele „Hätte, Würde, Wenn und Aber" Dir jetzt einfallen, die Situation ändert sich erstmal nicht.

DIE NEGATIVE-GLAUBENSSÄTZE-LISTE

Passend zur vorangegangenen Liste, versuchen wir hier sogenannte negative "Glaubenssätze" zu entlarven. Du machst Dir selbst vielleicht Vorwürfe, oder dein/e Ex hat das getan. Diese Glaubenssätze unterstreichen meist persönlich definierte (negative) Eigenschaften, denen man nun die Schuld für die Trennung gibt. Schreibe hier auf was Dir einfällt, zum Beispiel: Ich bin zu dick, deswegen hat er/sie mich verlassen; ich war nicht zielstrebig genug, daher musste sie/er sich ja jemanden suchen, die/der das ist, ... etc.

DIE ROSAROT-LISTE

Alles wird rückblickend erstmal rosarot wirken. Er war perfekt, es gibt nur den Einen; Es war ja gar nicht so schlimm, usw. Daher schreiben wir im Folgenden jetzt auf, was alles Mist war, alle negativen Eigenschaften, etc.

DIE ORGA-LISTE

Gibt es Habseligkeiten zurückzugeben, muss eine Wohnung gekündigt oder gemeinsame Verträge aufgelöst werden, gibt es noch Schulden? Was gibt es zu organisieren, um eine klare Trennung herzustellen?

Teil 2

DIE SCHÖNE-DINGE-LISTE

Warum machen wir das? Wertschätzung gehört mit zur Verarbeitung, schließlich habt ihr einen Teil eures Lebens gemeinsam verbracht. Schreibe hier auf, was ihr für schöne Dinge miteinander erlebt habt und was du an eurer Beziehung geschätzt hast.

DIE WAS-ICH-OHNE-EX-MACHEN-KANN-LISTE

Hand aufs Herz, es gibt Dinge, die Du während der Beziehung nicht gemacht hast oder unterdrückt hast. Schreibe auf was Du verloren hast und jetzt zurückerobern kannst.

DIE GÖNNUNGEN-LISTE

An jedem Tag soll es eine Gönnung geben. Schreibe hier auf, was
Dir gut tut. Auch wenn es aktuell schwer fällt. Was gibt es, was du
schon immer mal machen wolltest? Was tut Dir im Alltag gut? Ein
Bad, eine heisse Dusche, ein Eis....?

DIE DAS-BIN-ICH-LISTE

Es ist wichtig Dir selbst klarzumachen, wer Du bist/warst (auch) ohne Partner/in. Was sind deine Eigenschaften, was kannst Du gut, was magst Du gerne, was macht Dich fröhlich, was zeichnet Dich aus? Wenn es schwer fällt, frage eine Freundin, einen Kollegen, deine Eltern…. Mache gerne beides, dafür gebe ich Dir zwei Extraseiten, denn ich weiß ganz genau, Du bist wundervoll!

....

....

....

....

....

....

....

....

....

....

....

....

....

....

....

....

DAS SAGEN ANDERE POSITIVES ÜBER MICH

Weitere Notizen zu Teil 2

Teil 3

DIE ROUTINE-LISTE

Routinen machen das Leben einfacher, weil Du einfach nicht mehr darüber nachdenken musst. Stelle hier deine Routinen zusammen und hake jeden Tag ab, dass Du deine Routinen gelebt hast. Meine persönliche Empfehlung, arbeite mit zwei Routinen: Eine für freie Tage und eine für deinen Alltag.

Beispiel: Meine persönliche Routine nach der Trennung
Aufstehen, Duschen, Wohnung aufräumen, Kleinigkeit frühstücken, Tag überstehen und nicht den Ex anrufen!

Beispiel: Etwas Zeit vergangen
Hübsch machen, Workday, Sport, Abendessen kochen, Aufräumen und Essen für den nächsten Tag vorbereiten, meditieren

Wie Du siehst, am Anfang sind Dir vielleicht andere Dinge wichtig. Mir zum Beispiel „Aufstehen und Duschen", wenn Du etwas weiter bist, wird sich die Routine verändern, bis Du (wieder) bei deinen persönlichen/ neuen Routinen angekommen bist, die Dich DEINEN Tag leben lassen!

Auf geht's, schreibe auf was gerade für Dich wichtig ist:

....

....

....

....

....

....

DIE FOKUS-LISTE

Wenn Du soweit bist, schreibe hier auf, welche Glaubenssätze Du Dir ab sofort sagen möchtest. Welche Ziele verfolgst Du ab jetzt? Damit ersetzt Du alte Glaubenssätze und setzt deinen Fokus (neu).

Achtung, jetzt wird es doch ganz kurz wissenschaftlich: Ziele formulierst Du am besten mit der SMART-Methode: spezifisch, messbar, akzeptiert/attraktiv, realistisch und terminiert. Zusätzlich bitte positiv formulieren, da unser Gehirn „nicht" nicht kennt ;)

So nicht: Ich liege bald nicht mehr nachmittags auf der Couch. Besser so: Ich werde ab heute Nachmittag 30min pro Tag spazieren gehen.

Nimm Dir jeden Tag diese Liste vor und übertrage einen Satz. Vielleicht ist dein „Tagesmantra" aber auch ein anderes zum Tag passendes: Bei mir war es in der ersten Zeit häufig: „Ich rufe ihn nicht an!"

....

....

....

....

....

....

....

....

....

DIE ANDERS-LISTE

Es gibt sicherlich Kritikpunkte oder Dinge, die Du (später!) in einer neuen Beziehung anders machen möchtest. Schreibe Dir hier ein paar kleine Erinnerungen dazu auf oder Dinge, die Du für Dich in Zukunft anders machen möchtest. Auch hier bitte positiv formulieren.

....

....

....

....

....

....

....

....

....

....

....

....

....

....

....

....

....

....

Ich weiß es ist schwer, aber....

die ersten Schritte sind getan, Du hast den ersten Teil des Buches „die Ausfüll-Listen" geschafft – bravo, weiter so! Ich hoffe du konntest bisher schon etwas für Dich mitnehmen. Die voran gegangenen Listen sind eine kleine Unterstützung, Dich wieder auf Dich selbst zu konzentrieren, den Fokus zu setzen, deine Gedanken zu ordnen. Nutze Sie wann immer Du magst, lese sie bei Bedarf und vergiss niemals deinen eigenen Wert!

Jetzt kannst du noch Etappenziele definieren.
Was bedeutet das? Definiere Zeitpunkte, wann Du die vorherigen Listen nochmal durchsiehst und schaust, welche Veränderungen sich getan haben.

DIE TAGESLISTEN

ERLÄUTERUNG

Tag, Datum, Wochentag - ist selbsterklärend :)

Tagesmantra - Hier trägst Du deinen Satz des Tages ein.

Gesamtsituation - Hier kannst Du deine allgemeine Stimmung, also die Gesamtsituation z.B. morgens und abends eintragen und verfolgen. Mit der Zeit sollte es auch hier ersichtlich werden, dass es Dir besser gehen wird. Links = negativ/schlecht; Mitte = neutral/weiß nicht; Rechts positiv/gut. Je gefüllter dein Dreieck desto ausgeprägter die jeweilige Stimmung. Es hilft Dir zu erkennen, zu welchen Zeitpunkten deine Stimmung schlecht oder gut ist und wie ausgeprägt die Emotion ist.

Gefühlswelt - Verfolge hier, wie es sich mit deinen Gefühlen und dem Kontakt zum/ zur Ex verhält. Hast Du heute Gefühle zugelassen oder unterdrückt? Warum? Hast Du Kontakt aufgenommen, wenn ja warum? Wie stark ist der Herzschmerz? Zusätzlich hast Du ein leeres Feld für einen persönlichen Punkt den Du verfolgen möchtest. Nutze das Notizfeld für genauere Beschreibungen, trage die Antworten auf die „Warum-Fragen" ein.

Alltagswelt - Hake hier deine Tagesroutine und deine Fokustime ab, die Du in der „Routine-Liste" und der „Fokus-Liste" festgelegt hast. Zusätzlich trägst Du deine Gönnung ein, zum Beispiel: ein Bad genommen. Auch hier hast du Platz für einen "Abhak-Punkt" deiner Wahl.

Positives - Zum Schluss deines Tages schreibst Du drei Dinge auf, die heute positiv gewesen sind und für die Du dankbar bist. Das hilft Dir festzustellen, dass auch ein Ende etwas positives haben kann, Du nicht nur in einer negativen Wolke unterwegs sein musst und auch nicht dauerhaft sein wirst.

Notizen - Auf der gegenüberliegenden Seite der jeweiligen Tages-Liste hast du Platz für weitere Notizen, einen kleinen Tagebucheintrag oder für alles, was an diesem Tag verschriftlicht werden soll/muss.

Und jetzt geht's los – Tag 1 deines neuen Lebens!

 **Tag 1**

Datum
_____

| Mo | Di | Mi | Do | Fr | Sa | So |

Tagesmantra

Gesamtsituation

negativ   neutral   positiv

Gefühlswelt

○ Gefühle zugelassen   ○ kein Kontakt

○ Gefühle unterdrückt   ○ Kontaktaufnahme

Herzschmerz ♡♡♡♡♡♡   _____   ○○○○○

Notizen

Alltagswelt

Positives

○ Tagesroutine durchgeführt   ☺

○ Fokustime

○ Gönnung   ☺

○ ....

☺

Du kannst!

✓ **Tag** __

Mo	Di	Mi	Do	Fr	Sa	So

Tagesmantra

Gesamtsituation

negativ   neutral   positiv

Gefühlswelt

○ Gefühle zugelassen   ○ kein Kontakt

○ Gefühle unterdrückt   ○ Kontaktaufnahme

Herzschmerz ♡♡♡♡♡♡   _____ ○○○○○

Notizen

Alltagswelt

Positives

○ Tagesroutine durchgeführt ☺

○ Fokustime

○ Gönnung ☺

....

....

○ .... ☺

....

Du kannst!

✓ **Tag** ___

Mo	Di	Mi	Do	Fr	Sa	So

Tagesmantra

Gesamtsituation

negativ   neutral   positiv

Gefühlswelt

☐ Gefühle zugelassen   ☐ kein Kontakt

☐ Gefühle unterdrückt   ☐ Kontaktaufnahme

Herzschmerz ♡♡♡♡♡♡   _____   ○○○○○

Notizen

Alltagswelt

Positives

☐ Tagesroutine durchgeführt   ☺

☐ Fokustime

☐ Gönnung   ☺

☐ ....   ☺

....

Du kannst!

✔ **Tag** ___

Datum _____

| Mo | Di | Mi | Do | Fr | Sa | So |

Tagesmantra

Gesamtsituation

negativ   neutral   positiv

Gefühlswelt

○ Gefühle zugelassen   ○ kein Kontakt

○ Gefühle unterdrückt   ○ Kontaktaufnahme

Herzschmerz ♡♡♡♡♡♡   _____ ○○○○○

Notizen

Alltagswelt _____

Positives

○ Tagesroutine durchgeführt   ☺

○ Fokustime

○ Gönnung   ☺

....

....

○ ....   ☺

....

_____

Du kannst!
_____

✔ **Tag** ___

Datum _____

Mo	Di	Mi	Do	Fr	Sa	So

Tagesmantra

Gesamtsituation

negativ   neutral   positiv

──────────────────────────────── **Gefühlswelt**

○ Gefühle zugelassen   ○ kein Kontakt

○ Gefühle unterdrückt   ○ Kontaktaufnahme

Herzschmerz ♡♡♡♡♡ _____ ○○○○○

Notizen

Alltagswelt ────────────────────────────

Positives

○ Tagesroutine durchgeführt   ☺

○ Fokustime

○ Gönnung   ☺

....

....
○ _____   ☺

....

                                 Du kannst!

✓ **Tag** ___

Tagesmantra

Gesamtsituation

negativ   neutral   positiv

_____ **Gefühlswelt**

○ Gefühle zugelassen   ○ kein Kontakt

○ Gefühle unterdrückt   ○ Kontaktaufnahme

Herzschmerz ♡♡♡♡♡♡   _____ ○○○○○

Notizen

Alltagswelt _____

Positives

○ Tagesroutine durchgeführt   ☺

○ Fokustime

○ Gönnung   ☺

....

....

○ ....   ☺

....

_____

Du kannst!
_____

✓ **Tag** ___

Datum _____

| Mo | Di | Mi | Do | Fr | Sa | So |

Tagesmantra

Gesamtsituation

negativ   neutral   positiv

Gefühlswelt

○ Gefühle zugelassen   ○ kein Kontakt

○ Gefühle unterdrückt   ○ Kontaktaufnahme

Herzschmerz ♡♡♡♡♡♡   _____ ○○○○○

Notizen

Alltagswelt

Positives

○ Tagesroutine durchgeführt   ☺

○ Fokustime

○ Gönnung   ☺

....

....

○ _____   ☺

....

....

Du kannst!

✓ **Tag** ___

Datum
Mo | Di | Mi | Do | Fr | Sa | So |

Tagesmantra

Gesamtsituation

negativ   neutral   positiv

Gefühlswelt

○ Gefühle zugelassen   ○ kein Kontakt
○ Gefühle unterdrückt   ○ Kontaktaufnahme

Herzschmerz ♡♡♡♡♡♡   _____ ○○○○○

Notizen

Alltagswelt _____

Positives

○ Tagesroutine durchgeführt   ☺

○ Fokustime

○ Gönnung   ☺

○   ☺

Du kannst!

✓ **Tag** ___

Datum
_____

| Mo | Di | Mi | Do | Fr | Sa | So |

Tagesmantra

Gesamtsituation

negativ   neutral   positiv

Gefühlswelt

○ Gefühle zugelassen   ○ kein Kontakt

○ Gefühle unterdrückt   ○ Kontaktaufnahme

Herzschmerz ♡♡♡♡♡♡ _____ ○○○○○

Notizen

Alltagswelt _____

Positives

○ Tagesroutine durchgeführt   ☺

○ Fokustime

○ Gönnung   ☺

....

....
○   ☺
....

....

_____
Du kannst!

✓ **Tag** ___

Datum
_____

| Mo | Di | Mi | Do | Fr | Sa | So |

Tagesmantra

Gesamtsituation

negativ   neutral   positiv

Gefühlswelt

○ Gefühle zugelassen   ○ kein Kontakt

○ Gefühle unterdrückt   ○ Kontaktaufnahme

Herzschmerz ♡♡♡♡♡   _____   ○○○○○

Notizen

Alltagswelt ─────────────────────────

Positives

○ Tagesroutine durchgeführt   ☺

○ Fokustime

○ Gönnung   ☺

○   ☺

Du kannst!

✓ **Tag** ___

Datum ___
| Mo | Di | Mi | Do | Fr | Sa | So |

Tagesmantra

Gesamtsituation

negativ   neutral   positiv

Gefühlswelt

○ Gefühle zugelassen   ○ kein Kontakt

○ Gefühle unterdrückt   ○ Kontaktaufnahme

Herzschmerz ♡♡♡♡♡♡ _____ ○○○○○

Notizen

Alltagswelt _____

Positives

○ Tagesroutine durchgeführt   ☺

○ Fokustime

○ Gönnung   ☺

....

....

○ _____   ☺

....

Du kannst!

✓ **Tag** ___

Tagesmantra

Gesamtsituation

negativ   neutral   positiv

Gefühlswelt

○ Gefühle zugelassen   ○ kein Kontakt

○ Gefühle unterdrückt   ○ Kontaktaufnahme

Herzschmerz ♡♡♡♡♡♡   _____ ○○○○○

Notizen

Alltagswelt _____

Positives

○ Tagesroutine durchgeführt   ☺

○ Fokustime

○ Gönnung   ☺

○ ....

....

....   ☺

....

_____

Du kannst!
_____

✓ **Tag** ___

Datum ___
| Mo | Di | Mi | Do | Fr | Sa | So |

Tagesmantra

Gesamtsituation

negativ   neutral   positiv

Gefühlswelt

○ Gefühle zugelassen   ○ kein Kontakt
○ Gefühle unterdrückt   ○ Kontaktaufnahme

Herzschmerz ♡♡♡♡♡♡   ___   ○○○○○

Notizen

Alltagswelt ___

Positives

○ Tagesroutine durchgeführt   ☺

○ Fokustime

○ Gönnung   ☺

....

....
○   ☺
....

....   **Du kannst!**

74

✓ **Tag** ___

Datum ___
| Mo | Di | Mi | Do | Fr | Sa | So |

Tagesmantra

Gesamtsituation

negativ   neutral   positiv

Gefühlswelt

○ Gefühle zugelassen   ○ kein Kontakt

○ Gefühle unterdrückt   ○ Kontaktaufnahme

Herzschmerz ♡♡♡♡♡   _____ ○○○○○

Notizen

Alltagswelt

Positives

○ Tagesroutine durchgeführt   ☺

○ Fokustime

○ Gönnung   ☺

○ ....   ☺

Du kannst!

✔️ **Tag** ___

Datum
_____

| Mo | Di | Mi | Do | Fr | Sa | So |

Tagesmantra

Gesamtsituation

negativ   neutral   positiv

Gefühlswelt

○ Gefühle zugelassen   ○ kein Kontakt

○ Gefühle unterdrückt   ○ Kontaktaufnahme

Herzschmerz ♡♡♡♡♡♡   _____   ○○○○○

Notizen

Alltagswelt _____

Positives

○ Tagesroutine durchgeführt   ☺

○ Fokustime

○ Gönnung   ☺

○   ☺

Du kannst!

✓ **Tag** _____

Datum

Tagesmantra

Gesamtsituation

negativ   neutral   positiv

Gefühlswelt

○ Gefühle zugelassen   ○ kein Kontakt
○ Gefühle unterdrückt   ○ Kontaktaufnahme

Herzschmerz ♡♡♡♡♡   _____ ○○○○○

Notizen

Alltagswelt _____

Positives

○ Tagesroutine durchgeführt   ☺

○ Fokustime

○ Gönnung   ☺

○   ☺

Du kannst!

✔️ **Tag** ___

Datum
_____

| Mo | Di | Mi | Do | Fr | Sa | So |

Tagesmantra

Gesamtsituation

negativ   neutral   positiv

─────────────────────────── **Gefühlswelt**

◯ Gefühle zugelassen   ◯ kein Kontakt

◯ Gefühle unterdrückt   ◯ Kontaktaufnahme

Herzschmerz ♡♡♡♡♡♡   _____ ◯◯◯◯◯

Notizen

Alltagswelt ───────────────────────

Positives

◯ Tagesroutine durchgeführt   ☺

◯ Fokustime

◯ Gönnung   ☺

◯ ....   ☺
....

....

─────────────
Du kannst!
─────────────

✓ **Tag** ____

Datum
| Mo | Di | Mi | Do | Fr | Sa | So |

Tagesmantra

Gesamtsituation

negativ   neutral   positiv

Gefühlswelt

○ Gefühle zugelassen   ○ kein Kontakt

○ Gefühle unterdrückt   ○ Kontaktaufnahme

Herzschmerz ♡♡♡♡♡ _____ ○○○○○

Notizen

Alltagswelt

Positives

○ Tagesroutine durchgeführt   ☺

○ Fokustime

○ Gönnung   ☺

○ ....

....   ☺

....

_____

Du kannst!

_____

✔ **Tag** ___

Tagesmantra

Gesamtsituation

negativ   neutral   positiv

_____ **Gefühlswelt**

⃝ Gefühle zugelassen   ⃝ kein Kontakt

⃝ Gefühle unterdrückt   ⃝ Kontaktaufnahme

Herzschmerz ♡♡♡♡♡   _____ ⃝⃝⃝⃝⃝

Notizen

Alltagswelt _____

Positives

⃝ Tagesroutine durchgeführt   ☺

⃝ Fokustime

⃝ Gönnung   ☺

....

....

⃝ ....   ☺

....

_____

Du kannst!

✓ **Tag** ___

Tagesmantra

[   ]

Gesamtsituation

negativ   neutral   positiv

──────────────────────────────── **Gefühlswelt**

○ Gefühle zugelassen   ○ kein Kontakt

○ Gefühle unterdrückt   ○ Kontaktaufnahme

Herzschmerz ♡♡♡♡♡♡   _____ ○○○○○

Notizen

Alltagswelt ────────────────────────

Positives

○ Tagesroutine durchgeführt   ☺

○ Fokustime

○ Gönnung   ☺

....

....

○ .... ☺

....

──────────────

Du kannst!

✓ **Tag** ___

Datum
___
| Mo | Di | Mi | Do | Fr | Sa | So |

Tagesmantra

Gesamtsituation

negativ   neutral   positiv

─────────────────────────── **Gefühlswelt**

○ Gefühle zugelassen   ○ kein Kontakt

○ Gefühle unterdrückt   ○ Kontaktaufnahme

Herzschmerz ♡♡♡♡♡♡   _____ ○○○○○

Notizen

Alltagswelt ───────────────────

| **Positives**

○ Tagesroutine durchgeführt   ☺

○ Fokustime

○ Gönnung   ☺

○ ....

 ....   ☺

 ....

 ....
                    _____
                    Du kannst!

90

✓ **Tag** _____

Datum _____

| Mo | Di | Mi | Do | Fr | Sa | So |

Tagesmantra

[   ]

Gesamtsituation

negativ   neutral   positiv

Gefühlswelt

○ Gefühle zugelassen   ○ kein Kontakt

○ Gefühle unterdrückt   ○ Kontaktaufnahme

Herzschmerz ♡♡♡♡♡   _____   ○○○○○

Notizen

[   ]

Alltagswelt _____

Positives

○ Tagesroutine durchgeführt   ☺

○ Fokustime

○ Gönnung   ☺

....

....

○ ....   ☺

....

Du kannst!

✓ **Tag** ___

Mo | Di | Mi | Do | Fr | Sa | So |

Tagesmantra

Gesamtsituation

negativ   neutral   positiv

Gefühlswelt

○ Gefühle zugelassen   ○ kein Kontakt

○ Gefühle unterdrückt   ○ Kontaktaufnahme

Herzschmerz ♡♡♡♡♡   _____ ○○○○○

Notizen

Alltagswelt

Positives

○ Tagesroutine durchgeführt   ☺

○ Fokustime

○ Gönnung   ☺

....

....

○   ☺
....

....

Du kannst!

✓ **Tag** ___

Datum
_____
Mo | Di | Mi | Do | Fr | Sa | So |

Tagesmantra

Gesamtsituation

negativ   neutral   positiv

_____ **Gefühlswelt**

○ Gefühle zugelassen   ○ kein Kontakt

○ Gefühle unterdrückt   ○ Kontaktaufnahme

Herzschmerz ♡♡♡♡♡♡   _____ ○○○○○

Notizen

Alltagswelt _____

	Positives
○ Tagesroutine durchgeführt	☺
○ Fokustime	
○ Gönnung	☺
....	
....	☺
○	
....	Du kannst!

✓ **Tag** ___

Mo | Di | Mi | Do | Fr | Sa | So |

Tagesmantra

Gesamtsituation

negativ   neutral   positiv

─────────────────────────────────── **Gefühlswelt**

○ Gefühle zugelassen   ○ kein Kontakt

○ Gefühle unterdrückt   ○ Kontaktaufnahme

Herzschmerz ♡♡♡♡♡♡   _____ ○○○○○

Notizen

Alltagswelt ───────────────────────────────

Positives

○ Tagesroutine durchgeführt   ☺

○ Fokustime

○ Gönnung   ☺

○ ....

....

○ ....   ☺

....

_____

Du kannst!

98

✓ **Tag** ____

Tagesmantra

Gesamtsitation

negativ   neutral   positiv

_____ **Gefühlswelt**

○ Gefühle zugelassen   ○ kein Kontakt

○ Gefühle unterdrückt   ○ Kontaktaufnahme

Herzschmerz ♡♡♡♡♡   _____ ○○○○○

Notizen

Alltagswelt _____

Positives

○ Tagesroutine durchgeführt   ☺

○ Fokustime

○ Gönnung   ☺

....

....

○ ....   ☺

....

                        Du kannst!

✓ **Tag** ___

Datum
Mo | Di | Mi | Do | Fr | Sa | So |

Tagesmantra

Gesamtsituation

negativ   neutral   positiv

Gefühlswelt

○ Gefühle zugelassen   ○ kein Kontakt

○ Gefühle unterdrückt   ○ Kontaktaufnahme

Herzschmerz ♡♡♡♡♡♡   _____ ○○○○○

Notizen

Alltagswelt

Positives

○ Tagesroutine durchgeführt   ☺

○ Fokustime

○ Gönnung   ☺

                                              ☺

○ ....

Du kannst!

✓ **Tag** ___

Datum
Mo | Di | Mi | Do | Fr | Sa | So |

Tagesmantra

Gesamtsituation

negativ   neutral   positiv

Gefühlswelt

◯ Gefühle zugelassen   ◯ kein Kontakt
◯ Gefühle unterdrückt   ◯ Kontaktaufnahme

Herzschmerz ♡♡♡♡♡ _____ ◯◯◯◯◯

Notizen

Alltagswelt _____

Positives

◯ Tagesroutine durchgeführt   ☺

◯ Fokustime

◯ Gönnung   ☺

◯ ....
....   ☺
....

Du kannst!

✓ **Tag** ___

Datum

Mo	Di	Mi	Do	Fr	Sa	So

Tagesmantra

Gesamtsituation

negativ   neutral   positiv

Gefühlswelt

○ Gefühle zugelassen   ○ kein Kontakt

○ Gefühle unterdrückt   ○ Kontaktaufnahme

Herzschmerz ♡♡♡♡♡♡   _____   ○○○○○

Notizen

Alltagswelt ___

Positives

○ Tagesroutine durchgeführt   ☺

○ Fokustime

○ Gönnung   ☺

○

☺

Du kannst!

✓ **Tag** ___

Datum _____

| Mo | Di | Mi | Do | Fr | Sa | So |

Tagesmantra

Gesamtsituation

negativ   neutral   positiv

Gefühlswelt

⭕ Gefühle zugelassen   ⭕ kein Kontakt

⭕ Gefühle unterdrückt   ⭕ Kontaktaufnahme

Herzschmerz ♡♡♡♡♡ _____ ⭕⭕⭕⭕⭕

Notizen

Alltagswelt _____

Positives

⭕ Tagesroutine durchgeführt   ☺

⭕ Fokustime

⭕ Gönnung   ☺

⭕ ☺

Du kannst!

✓ **Tag** ___

Datum

| Mo | Di | Mi | Do | Fr | Sa | So |

Tagesmantra

Gesamtsituation

negativ   neutral   positiv

Gefühlswelt

○ Gefühle zugelassen   ○ kein Kontakt
○ Gefühle unterdrückt   ○ Kontaktaufnahme

Herzschmerz ♡♡♡♡♡♡   _____ ○○○○○

Notizen

Alltagswelt _____

Positives

○ Tagesroutine durchgeführt   ☺

○ Fokustime

○ Gönnung   ☺

....

....   ☺
○ ....

....

_____

Du kannst!
_____

✓ **Tag** ___

Datum
_____

| Mo | Di | Mi | Do | Fr | Sa | So |

Tagesmantra   **Gesamtsituation**

negativ   neutral   positiv

─────────────────────────────────────── **Gefühlswelt**

○ Gefühle zugelassen   ○ kein Kontakt

○ Gefühle unterdrückt   ○ Kontaktaufnahme

Herzschmerz ♡♡♡♡♡♡   _____ ○○○○○

Notizen

Alltagswelt ───────────────────────────────

| **Positives**

○ Tagesroutine durchgeführt | ☺

○ Fokustime

○ Gönnung | ☺

....

....

○ .... | ☺

....

_____

Du kannst!

_____

✓ **Tag** ___

Tagesmantra

Gesamtsituation

negativ   neutral   positiv

_____ **Gefühlswelt**

◯ Gefühle zugelassen   ◯ kein Kontakt

◯ Gefühle unterdrückt   ◯ Kontaktaufnahme

Herzschmerz ♡♡♡♡♡♡   _____ ◯◯◯◯◯

Notizen

Alltagswelt _____

Positives

◯ Tagesroutine durchgeführt   ☺

◯ Fokustime

◯ Gönnung   ☺

....

....   ☺

◯ ....

....

_____

Du kannst!

_____

114

✓ **Tag** _____

Datum _____

| Mo | Di | Mi | Do | Fr | Sa | So |

Tagesmantra

Gesamtsituation

negativ   neutral   positiv

Gefühlswelt

○ Gefühle zugelassen ○ kein Kontakt

○ Gefühle unterdrückt ○ Kontaktaufnahme

Herzschmerz ♡♡♡♡♡♡ _____ ○○○○○

Notizen

Alltagswelt

Positives

○ Tagesroutine durchgeführt ☺

○ Fokustime

○ Gönnung ☺

....

....

○ .... ☺

....

_____

Du kannst!

_____

✓ **Tag** ___

Tagesmantra

Gesamtsituation

negativ   neutral   positiv

_____ **Gefühlswelt**

⃝ Gefühle zugelassen   ⃝ kein Kontakt

⃝ Gefühle unterdrückt   ⃝ Kontaktaufnahme

Herzschmerz ♡♡♡♡♡♡   _____ ⃝⃝⃝⃝⃝

Notizen

Alltagswelt _____

Positives

⃝ Tagesroutine durchgeführt | ☺

⃝ Fokustime

⃝ Gönnung | ☺

....

....

⃝ .... | ☺

....

_____

Du kannst!

✓ **Tag** __

Datum ____
| Mo | Di | Mi | Do | Fr | Sa | So |

Tagesmantra

Gesamtsituation

negativ   neutral   positiv

──────────────────────────── **Gefühlswelt**

○ Gefühle zugelassen   ○ kein Kontakt

○ Gefühle unterdrückt   ○ Kontaktaufnahme

Herzschmerz ♡♡♡♡♡   _____ ○○○○○

Notizen

Alltagswelt ────────────────────────

Positives

○ Tagesroutine durchgeführt   ☺

○ Fokustime

○ Gönnung   ☺

○ ....

....   ☺

....

....

Du kannst!

✓ **Tag** _____

Datum
| Mo | Di | Mi | Do | Fr | Sa | So |

Tagesmantra

Gesamtsituation

negativ   neutral   positiv

Gefühlswelt

⃝ Gefühle zugelassen   ⃝ kein Kontakt

⃝ Gefühle unterdrückt   ⃝ Kontaktaufnahme

Herzschmerz ♡♡♡♡♡♡ _____ ○○○○○

Notizen

Alltagswelt

Positives

⃝ Tagesroutine durchgeführt   ☺

⃝ Fokustime

⃝ Gönnung   ☺

....

....

⃝   ☺

....

_____
Du kannst!
_____

✓ **Tag** _____

Datum _____

| Mo | Di | Mi | Do | Fr | Sa | So |

Tagesmantra

Gesamtsituation

negativ   neutral   positiv

Gefühlswelt

⃝ Gefühle zugelassen   ⃝ kein Kontakt

⃝ Gefühle unterdrückt   ⃝ Kontaktaufnahme

Herzschmerz ♡♡♡♡♡♡   _____ ⃝⃝⃝⃝⃝

Notizen

Alltagswelt

Positives

⃝ Tagesroutine durchgeführt   ☺

⃝ Fokustime

⃝ Gönnung   ☺

....

....

⃝ ....   ☺

....

_____

Du kannst!

_____

✓ **Tag** ___

Datum
_____

Mo	Di	Mi	Do	Fr	Sa	So

Tagesmantra

Gesamtsituation

negativ   neutral   positiv

_____ **Gefühlswelt**

○ Gefühle zugelassen   ○ kein Kontakt

○ Gefühle unterdrückt   ○ Kontaktaufnahme

Herzschmerz ♡♡♡♡♡   _____ ○○○○○

Notizen

Alltagswelt _____

Positives

○ Tagesroutine durchgeführt   ☺

○ Fokustime

○ Gönnung   ☺

....

....

○ ....   ☺

....

Du kannst!

✓ **Tag** ____

Tagesmantra

Gesamtsituation

negativ   neutral   positiv

Gefühlswelt

○ Gefühle zugelassen   ○ kein Kontakt

○ Gefühle unterdrückt   ○ Kontaktaufnahme

Herzschmerz ♡♡♡♡♡   _____ ○○○○○

Notizen

Alltagswelt

Positives

○ Tagesroutine durchgeführt   ☺

○ Fokustime

○ Gönnung   ☺

....

....

○ ....   ☺

....

Du kannst!

✓ **Tag** ___

Datum
_____

| Mo | Di | Mi | Do | Fr | Sa | So |

Tagesmantra

Gesamtsituation

negativ   neutral   positiv

_____ **Gefühlswelt**

○ Gefühle zugelassen   ○ kein Kontakt

○ Gefühle unterdrückt   ○ Kontaktaufnahme

Herzschmerz ♡♡♡♡♡♡   _____ ○○○○○

Notizen

Alltagswelt _____

Positives

○ Tagesroutine durchgeführt   ☺

○ Fokustime

○ Gönnung   ☺

....

....

○   ☺

....

_____

Du kannst!

Über die Autorin:
Daniela Schick, eine Abhak-Listen-Liebhaberin, Diplom-Wirtschaftsingenieurin und somit auch von beruflicher Natur schon (Projekt-) Listen gesteuert. Was also im Job funktioniert, half ihr auch im Privatleben.

Danksagung

Ein riesiges Dankeschön an (in alphabetischer Reihenfolge):
A.-E., F., M., M., L., N., P. und V. für eure Unterstützung.
Danke für Alles – ihr seid die Besten!

Hinweise zum Inhalt

Alle Inhalte beruhen auf eigenen und gehörten Erfahrungen und wurden von mir mit größter Sorgfalt in Listenform zusammen gefasst. Ich bin keine Designerin und auch keine Psychologin, der Inhalt erhebt nicht den Anspruch auf Vollständigkeit. Es ist mein persönlicher pragmatischer Ansatz mit einer Trennung umzugehen, diesen doch sehr einfachen Ansatz möchte ich weitergeben. Dieses Buch soll in einfach geschriebener Form und Zusammenfassung Hilfe zur Selbsthilfe geben. Dennoch meine Bitte, im Fall der Fälle: Wenn Du merkst, Du schaffst es nicht alleine, suche Dir bitte (professionelle) Unterstützung.